Gery Wolf · Carmen Oster

Unterwegs im AUSSEERLAND

Gery Wolf • Carmen Oster

Unterwegs im AUSSEERLAND

Leykam

Layout und Satz: MFG Mediendesign
Druck: Steiermärkische Landesdruckerei GmbH, 8020 Graz
Gesamtherstellung: Leykam Buchverlag
ISBN 978-3-7011-8044-8
www.leykamverlag.at

Inhalt

Unterwegs im Ausseerland

CARMEN OSTER

Die Ausseer haben den Sinn im Unsinn des Lebens erkannt. Sonst gäbe es sie wohl nicht, diese ganz besondere Abfolge der Jahreszeiten, die den Fasching als fünfte in ihrer Mitte aufgenommen hat. Aber in diesem schönen und zugleich auch angenehm kauzigen Winkel Österreichs ist alles ein bisserl BA, ein „Bisserl Anders". Das versprechen zumindest schon die Autokennzeichen älterer Baujahre und Semester. Und die der jüngeren haben das „LI" nach der Strukturreform mit einer LIst genommen. Sie haben das „BA"-Pickerl erfunden, das nunmehr dicht neben dem Nummernschild klebt. Was liebt das pickt.

Man hat hier eben ein Herz für das Andersartige. Vorausgesetzt, es bleibt immer gleich, das Andersartige. Die einen mögen es vielleicht stur, die anderen geradlinig nennen. Die Ausseer selbst würden wohl das Wort stolz verwenden. Man hegt und pflegt die Tradition zur Tradition und hebt sich gerade dadurch vom Rest Österreichs ab.

Dafür eignet sich ein Naturphänomen wie eine fünfte Jahreszeit natürlich ideal. Und so folgt in Bad Aussee nach dem Winter ganz selbstverständlich einmal der Fasching, die Zeit der Narren. Die Zeit der „Maschkera", der Maskierten. Und das mit Pauken und Trompeten. Wenn schon, denn schon. Worauf man sich in diesen „heiligen Faschingstagen" einstellen kann? Auf alles! In erster Linie sollte man aber seinen Augen nicht trauen.

Am Rosenmontag werden aus waschechten Mannsbildern, wie zum Beispiel Salzbaron Hannes Androsch, Frauen in Nachthemden, die Trommeln vor sich hertragen und zum Takt des „Ausseer Faschingsmarsches" durch die Straßen ziehen. Die Herren der Schöpfung müssen die verschiedensten, eigenartigen Aufnahmeprüfungen hinter sich bringen, um in die illustre Damenrunde der „Trommelweiber" aufgenommen zu werden: einen Viertelliter Schnaps trinken, eine Zigarre rauchen, eine Pfefferoni sowie einen mit Senf gefüllten Krapfen essen ... Kurz: Verlockung geht anders.

Leichter haben es da schon die „Flinserln", diese bunten Wesen, die mit ihren „Gugeln", den Masken ohne Mimik, wie Gäste eines fernen, prunkvollen Planeten scheinen, die jedes Jahr pünktlich zu Fasching ins Ausseerland reisen. Mit ihren üppig bestickten Gewändern und gerüschten Krägen ziehen sie am Faschingsdienstag durch die Ausseer Straßen und beschenken die bettelnde Kinderschar mit Nüssen, Orangen und Süßigkeiten. Die „Flinserln", die den Frühling symbolisieren, spazieren gemeinsam mit der „Pless", einer nicht minder interessanten Figur, die einen Bienenkorb auf dem Kopf und einen Stock mit einem schmutzigen Fetzen bei sich trägt, durch den Ort. Sie steht für den Winter, der das Salzkammergut nun bald aus seinen klammen Fingern entlassen und die dicken Schneehauben von den windschiefen Heustadln fegen möge. „Heut' ist da Faschingstag, heut sauf' i, was i mag, heut mach' i's Testament, des Geld geht zu End'", hallt es durch die Straßen. Hunderte Arbeitsstunden stecken in den Gewändern, die durch den Salzhandel mit Venedig nach Bad Aussee gekommen sind und auch heute noch von Generation zu Generation innerhalb der Familie weitergegeben werden. So traf es der Titel der steirischen Landesausstellung im Jahre 2005 im nur wenige Kilometer entfernten Schloss Trautenfels auf den Punkt: „Narren und Visionäre – mit einer Prise Salz". Die Flinserln singen ihre Lieder wieder, der Frühling lugt schon ums Eck.

Und mit ihm die frühen Flanierer, die an den ersten warmen Tagen des Jahres den Altausseer See umrunden und mit ihren Gedanken fangen spielen, während sie den Alltag zuhause warten lassen. Er ist ein großer Bub, dieser Alltag, er kann schon einmal ein paar Stunden allein auf sich aufpassen. Seensucht. Man zelebriert das Wochenende, in dem die Zeiteinheiten nicht „müssen" und „sollen", sondern „können" und „wollen" sind. Die Vögel zwitschern im Kanon und von fern ist schon die nächste Gruppe Sonntagsausflügler zu hören. Hunde stromern durchs Unterholz oder führen sich selbst an der Leine. Kinder machen die ersten Versuche, Steine über die Wasseroberfläche hüpfen zu lassen. Ein Kudern und Jauchzen. Hallo, Echo! Vielleicht zeigt sich die Trisselwand ja entgegenkommend und schickt das Echo für eine Antwort zurück. Zu verlockend ist der spiegelglatte See, der dem Loser, diesem markanten Mugel, einen raschen Blick in den Spiegel aus Wasser gewährt. Zumindest bis die nächste Plätte, die Nase stets nach oben, den See durchpflügt und die glatte Oberfläche wie einen Reißverschluss in zwei Teile teilt, die sich in sanfte Rippen legen und anschließend langsam wieder glätten. Bewundernswert, die Selbstheilungskraft des Wassers.

Nach und nach werden die Plätten – diese Gondeln des Ausseerlandes – aus ihrem Winterschlaf gerissen und im modrigen Duft der Bootshäuser per Seilzug glucksend zu Wasser gelassen. In der Spiegelung des Wassers scheinen sie wie verwunschene Drachen, die sich ihrem Schicksal fügen, nachdem man sie aus der Luft ins Wasser zwang. Dieses Boot zu steuern, es mit einem Ruder zu lenken, ist wie Drachenbändigen, eine Kunst, die nur echte Experten beherrschen. Wie man diese erkennt? Am Hut, an der Lederhose und dem Desinteresse an beiläufigen Gesprächen mit den Passagieren, heutzutage auch gerne als

Smalltalk bezeichnet. Bitte während der Fahrt nicht mit dem Fahrer sprechen. In dieser Kulisse ist kein Platz für Smalltalk, für Wörtchen, sondern nur für Worte. Obwohl, eigentlich ist es am besten, ganz zu schweigen und den Geschichten des Sees zu lauschen, die die Wellen flüsternd und behutsam ans Ufer tragen. Stille Post.

200 Arbeitsstunden stecken in dem Boot aus Lärchenholz, das nach seiner Schlägerung noch einmal fünf bis sieben Jahre gelagert werden muss, bis es schließlich weiterverarbeitet werden kann. Grundbedingung: die Jahresringe müssen ganz dicht beieinander liegen. Das hat so manch' Plätte wohl mit ihrem Besitzer gemein – sie sind aus ganz besonderem Holz geschnitzt. Auch die sonderbare, hochnäsige und breite Form der Plätten ist dem Salz geschuldet, dem Gewürz in der Geschichte des Salzkammerguts, das ihm einst regen Handel und Reichtum bescherte. Die Boote transportierten es, sowie Holz und Nahrung. Den Plätten fehlt der Kiel, so kann man auch heute noch nach Lust und Laune anlegen, wo man will. Sie ist das Taxi jener Sommerfrischler, die die abgelegenen Buchten und Strände am Rande des Sees suchen oder ihre Picknickkörbe an Land plündern wollen, in denen sich unter Garantie zumindest ein kleines Stück Saiblingsfilet befindet.

Die Plätte ist aber nicht nur liebliche Hauptdarstellerin in dem viel zitierten und weichgezeichneten Sommer wie damals. Sie kann auch Action. Wenn Hollywood und James Bond rufen, streift sie sich auch einmal ihre schusssichere Weste über. 007 will eben alles, nur nicht 08/15. Also ist er im Salzkammergut genau richtig. James Bond-Darsteller Daniel Craig zischt in „Spectre" mit der Plätte filmreif über den See zur Seewiese und wird dabei weder geschüttelt, noch gerührt. Bond begibt sich in Altaussee – im Film leider falsch als „Alt-Ausse" ausgesprochen – auf die Suche nach Spectre-Ober-Bösewicht Franz Oberhauser, auch bekannt als Ernst Stavro Blofeld, gespielt von Christoph Waltz. Nebenbei sei bemerkt, dass ausgerechnet der Oberboss der 007-Bösewicht-Gewerkschaft aus dieser Gegend kommt.

Wenn man jedoch einige Jahre zurückgeht in der Geschichte des Geheimagenten, ist er nicht der erste Altausseer, der James Bond das Leben schwer machte. Der in Altaussee aufgewachsene Schauspielkönig Klaus Maria Brandauer schlüpfte bereits im Jahr 1983 in „Sag niemals nie" in die Rolle von Maximilian Largo, dem Gegenspieler des damaligen Geheimagenten, Sean Connery. Doch zurück zu „Spectre". Wie immer war auch hier alles Top Secret. Zum Beispiel die Details rund um Dreharbeiten und Film. Alle Beteiligten hatten sich vertraglich dazu verpflichtet, nur ja nichts auszuplaudern. Eigentlich überflüssig, bei dem Desinteresse an Smalltalk. Hier zählen keine Wörtchen, sondern nur Worte. Und ein Wort wird erst recht nicht gebrochen. Und sagen Sie jetzt ja nicht „Sag niemals nie".

Eine andere Hauptdarstellerin im Salzkammergut setzt hingegen seit je her auf ihre weiße Weste. Und mit ihr die ganze Region. In ihrem weiß-grünen Kleid scheint sie wie gemacht als Aushängeschild der Steiermark: die Sternnarzisse. Ende Mai, Anfang Juni – gerade, wenn die Schmetterlinge ihre ersten Flugstunden in den Bäuchen der Verliebten beginnen – ist sie der Star. Sie ist die Warmherzige unter den Blumen. Rosen mögen prachtvoll sein, aber vergessen Sie nicht, sie haben Dornen. Die Blätter der Narzissen erscheinen dem Betrachter hingegen wie eine offene Umarmung. Sagenhaft schön, vielleicht versucht Narziss, dieser selbstverliebte Bursche, der nach seinem Tode in eine Narzisse verwandelt wurde, hier etwas wieder gut zu machen, indem er sich so bereitwillig betrachten lässt. Uns soll es recht sein.

Die floralen Grazien zieren die Wiesen im Ausseerland und Salzkammergut und locken jedermann, ob Groß oder Klein, aus dem Haus. Drei Tage lang dreht sich alles um die weiße Blume, die alle zuerst im Bücken und Pflücken und anschließend im Stecken rund um riesengroße Drahtgitterfiguren vereint, die später beim Stadtkorso in Bad Aussee und dem Bootskorso auf dem Grundlsee oder Altausseer See präsentiert werden. Begonnen hat alles 1960 als kleiner Frühlings- und Willkommensgruß für die Gäste des Ausseerlandes. Und wie die Blumen selbst, ist das Fest zu einer wahren Erscheinung und einem echten Touristenmagneten herangewachsen. Natürlich geschieht das alles unter den strengen Augen der Narzissenhoheiten, der Königin und ihrer beiden Prinzessinnen, die extra für diese besonderen Tage gekürt werden. Sie setzen dem Fest sozusagen die Krone auf. Wie sang schon Udo Jürgens? Vielen Dank für die Blumen.

Nur wenige Kilometer weiter, unweit des Grundlsees, erschließt sich im hintersten Winkel eine völlig andere Welt. Einzig über einen schmalen Weg erreichbar, eingeschlossen zwischen schroffem Fels, liegt der Toplitzsee. An seiner tiefsten Stelle 103 Meter tief, schwarz und undurchsichtig wie seine Geschichte. Die Erzählungen über das so genannte „Nazi-Gold", das nur wenige Tage vor Ende des Zweiten Weltkrieges bei einer Nacht- und Nebelaktion von SS-Männern in den Tiefen des Sees versenkt worden sein soll,

haben ihn zur weltweiten Berühmtheit gemacht. Immer und immer wieder kommen Taucher, Glücksritter und Wissenschaftler aus aller Welt, um den Geschichten rund um den „Schatz vom Toplitzsee" auf den Grund zu gehen. Doch wie bei vielen Geheimnissen sind auch hier die Entdeckungen einfach nur enttäuschend. 1959 findet man bloß Abzeichen und Orden sowie gefälschte Pfundnoten der „Aktion Bernhard", mit denen man die britische Währung in die Knie zwingen wollte. So erhielt der See auch einen weiteren, weniger rühmlichen Spitznamen: „Mülleimer des Dritten Reiches".
Aber immer noch schwebt über dem finsteren Wasser des Sees der Hauch der Möglichkeit wie eine morgendliche, nicht durchschaubare Nebelschwade. Aber, wenn doch ... Dazu trägt wohl auch die ungewohnt verschlossene Art der Grundlseer bei. Reden ist Silber, Schweigen ist Gold. Man ist hier nicht nur gerne, sondern aus Überzeugung unter sich. Der Stammtisch bleibt den Stammgästen vorbehalten, wann immer sie auch kommen mögen, dieser Platz ist für sie reserviert.

Der Toplitzsee hat aber noch genügend andere Geschichten zu erzählen. 1819 begegnete hier die Postmeisterstochter Anna Plochl Erzherzog Johann, 190 Jahre später wurde die Liebesgeschichte unter anderem mit Tobias Moretti, Peter Simonischek, Hubert von Goisern, Max von Thun und Anna Maria Mühe verfilmt. Schwerer vor die Linse zu bekommen ist da wohl der Toplitzseewurm, der in den sauerstoffarmen Tiefen des Sees ein dunkles Dasein führt. Heute aber liegt die schützende Hand der Bundesforste über dem mystischen See-Refugium, das aus einer Süß- und Salzwasserschicht besteht, die sich nicht miteinander vermischen. Von hier aus ist bloß per Plätte (no na) der Kammersee zu erreichen, der wie ein weiteres zu schützendes Geheimnis am anderen Ende des Sees liegt. Der Toplitzsee, ein wahrer Setzkasten aus Geschichte und G'schichtln.

Eine ungewöhnliche Geschichte haben aber auch die dunklen und engen Stollen des nahen Salzbergwerks in Altaussee zu bieten. Sie werden 1943 zum bombensicheren Versteck für rund 7000 Kunstschätze, unter anderem von Rembrandt, da Vinci oder Dürer. In den letzten Tagen des Krieges entbrennt auch hier ein Wettlauf gegen die Zeit. Hitler erteilt den Auftrag, die Kunst zu schützen und die Zugänge zum Stollen im Falle einer „Feindannäherung" kontrolliert zu sprengen. Gauleiter August Eigruber widersetzt sich jedoch dem Befehl, er will den Stollen samt der Kunst sprengen, da die Kunstgüter nicht „in die Hände des Weltjudentums fallen" dürften. Beherzte Bergleute sabotieren schließlich das Vorhaben Eigrubers und retten damit nicht nur ihre Einnahmequelle, das Salzbergwerk, sondern auch die Kunstschätze. Einige Tage nach Ende des Zweiten Weltkrieges kommen die „Monuments Men" Robert Posey und Lincoln Kirstein nach Altaussee, wohl nicht ahnend, dass sie auf Schätze wie da Vincis „Leda mit dem Schwan" oder Caravaggios „David" stoßen werden. Kommt Ihnen diese Geschichte vielleicht bekannt vor? Auch sie hat es bis nach Hollywood geschafft und wurde mit Stars wie George Clooney, Matt Damon, Bill Murray und John Goodman verfilmt. Die besten Geschichten schreibt eben immer noch das Leben.

Und wenn nicht, dann kommen sie doch einfach hierher. Hier, so heißt es, gehen die Musen um. „Ach, wie war ich aller Richtung, sommerlich vertrautes Kind! Ach, wie war mir Wald und Lichtung, Bach und Mulde wohlgesinnt!", schrieb Friedrich Torberg nach seiner Emigration nach Kalifornien, wo sich der Erfinder von „Schüler Gerber" und „Tante Jolesch" stets nach seinen Sommern in Altaussee verzehrte und sich in die Villa Königsgarten zurückwünschte. „Kulm und Kuppe: noch die kleinern hielten Wache rings ums Land. Aufwärts ragten grün und steinern Moosberg, Loser, Trisselwand." Als „tapfere Feiglinge" beschreibt der Altausseer Alfred Komarek seine berühmtesten Romanfiguren, den Journalisten „Daniel Käfer" und Inspektor „Simon Polt", deren Geschichten es, dargestellt von Peter Simonischek und Erwin Steinhauer, bereits ins Fernsehen schafften. Und auch Schriftsteller-Kollegin Barbara Frischmuth ist vielleicht in vielen Ecken dieser Welt zuhause, aber wirklich daheim ist sie wohl stets nur in Altaussee. Aber nicht nur der Tanz mit

Worten hat mit dem Literaturmuseum Altaussee unter der Schirmherrschaft Frischmuths einen fixen Platz im Salzkammergut, sondern auch eine Abordnung des Staatsopernballetts dreht in Bad Aussee alle Jahre wieder seine Pirouetten, um unter anderem zur Musik der „Ausseer Bradlmusi" Zehenspitzengefühl zu beweisen.

Der August liegt nun schon in seinen letzten Tagen. Die erste Gänsehaut in den Abendstunden, die Kraft der Sonne beginnt immer früher und früher nachzulassen. Der Moment, in dem sie hinter dem Berg-Panorama verschwindet und man sich das erste Mal eine dünne Jacke überstreift. Ein wenig traurig, weil das in der Vorwoche noch nicht nötig war. Bloß die Steine am Ufer des Sees haben die Wärme noch gespeichert und teilen sie großzügig. Das Echo der letzten Verbliebenen trägt die Stimmen pflichtbewusst in alle Richtungen des Sees. Bald schon wird der Sommer dem Lauf der Zeit nachgeben und das Staffelholz überreichen. Der Herbst wird seinen prachtvollen Farbmantel um die Schultern der Täler und Bäume schwingen. Aber bis dahin werden die Tage noch an den Ufern der Ausseer Seen bis zum letzten Sonnenstrahl ausgepresst und im Dunkeln gepascht, gesungen, gejuchzt und gejauchzt. Der nächste Sommer kommt bestimmt. Man sieht sich also sicher wieder, in alter Sommerfrische. Andere würden in diesen Tagen vielleicht in Melancholie versinken, hier tut man das nicht. Denn es gibt Grund zu feiern. Und zwar Kiritog.

Es ist ja nicht so, dass die Ausseer so wie der Rest Österreichs Ausreden oder Anlässe wie Hochzeiten oder runde Geburtstage brauchen, um in ihre Trachten zu schlüpfen. Männer haben gleich einmal mehrere Stück Lederhosen, bei denen man sich bei genauerer Betrachtung immer wieder die Henne-Ei-Frage stellt. Nein, nicht die Frage, wie oft schon fettige Finger nach dem Genuss eines Brathendls in die teilweise schon glänzend abgewetzte Hose gewischt wurden. Wer will das schon so genau wissen? Nein, die Frage lautet: Wer war zuerst da? Hose oder Mann? Mann oder Hose? Wer hat sich hier wessen Rundungen angepasst?

Aber auch die Kästen der Damen sind prall gefüllt mit den unterschiedlichsten Dirndl- und Schürzenvariationen. Vielleicht noch von Hand mit Modeln bedruckt, vielleicht aus Seide für die Sonn- und Feiertage. Passend dazu der Trachtenschmuck der Großmutter, der wie ein kleiner Schatz im Schmuckkästchen verwahrt und von Generation zu Generation gemeinsam mit einer rührenden oder lustigen Geschichte weitergegeben wird.
Doch sogar die von Haus aus exorbitant hohe Trachtendichte wird an diesen drei ganz speziellen Kiritog-Tagen noch einmal in die Sphären der Omnipräsenz katapultiert. Es gibt niemanden, der keine Tracht trägt. Wobei Gäste aus Wien oder Graz hier flott identifiziert sind: Ihre Lederhosen sind zu neu. Außerdem erkennt man die Zugereisten schlichtweg einmal daran, an welchem Tag sie überhaupt feiern. Der Samstag gehört den Wienern, dafür ist der Montag wieder ein einziger Stammtisch. Die Gründe für diese Feiertagslaunen sind wie so vieles im Leben: Auslegungssache. Böse Zungen könnten meinen, dass Einheimische nur Einheimische neben sich auf der Bierbank dulden. Vertreter des Tourismus bringen den Wiener Schulbeginn ins Spiel. Bedeutet: Samstag feiern, Sonntag ausnüchtern, Montag Tagwerk. Sei's drum. Der Kiritog steht für drei Tage Ausnahmezustand im Zeichen der Feierlaune, der nicht nur die Lebkuchenherzen höher schlagen lässt, sondern auch den Veranstalter, die Feuerwehr, mit neuen Gerätschaften versorgt. Obwohl: Brandig sind nach diesem Fest wohl viele.

Spätestens, wenn die Kinder nun vormittags wieder mehr oder weniger begeistert die Schulbank drücken, kehrt zumindest an Wochentagen etwas Ruhe um die Seen ein. Auch die letzten hartnäckigen Sommerfrischler haben ihre Strohhüte und Picknickkörbe gepackt. Die Boote haben ihren Dienst getan und werden noch tropfend aus dem See gehoben und verstaut. Zuhause gibt's dann warmen Tee, ein gemütliches Platzerl beim Kachelofen und eine schnurrende Katze auf dem Schoß. Die Vorstellungskraft hat eben immer noch die wärmsten Bilder als Trostpflaster parat. Es ist ein kleiner Abschied in der immer flacher stehenden Sonne, den jeder für sich selbst zelebrieren muss.

Doch der Gedanke an den Schnee, der bald fallen wird, ist tröstlich. Wenn die Schneedecke die Welt wieder ein bisserl leiser ans Ohr dringen und in Vollmondnächten ein wenig heller erscheinen lässt und die Ersten am Loser ihre Ski anschnallen und auf der Blaa-Alm die Langkaufski schultern. Kinder werden Schneemänner mit krummen Karottennasen bauen oder auf dem Rücken liegend mit ihren kurzen Armen und Beinen kleine Abdrücke hinterlassen. Eiszapfen werden die Dachrinnen der holzgezimmerten Häuser auf den ersten Blick wie gefletschte Kiefer erscheinen lassen. Winterwunderland, ein Leben unter eisigem Zuckerguss.

Und vielleicht wird es ja für so lange Zeit so bitterkalt, dass das Wasser von Grundlsee, Toplitzsee oder Altausseer See wieder zum Tanzboden der Eisläufer und Spaziergänger wird. Auch, wenn es Überwindung kostet und das Eis singt und lautstark gluckst wie ein gestrandeter Wal, dem man nicht trauen kann. Fremde Geräusche, als würden sie aus einer anderen Welt in die unsere dringen. Vielleicht ist es ein kleines Lebenszeichen des Sommers, der unter dem Eis klopft, und meint: Ich komme wieder. Ganz bestimmt. Vielleicht ist es aber auch der Fasching, der schon wieder seinen Schabernack treibt. Die fünfte Jahreszeit, dieses Naturphänomen, das es nur hier im Salzkammergut gibt, diesem angenehm kauzigen Winkel Österreichs, wo alles ein bisserl BA ist. Ein Bisserl Anders.

FRÜHLING
im Ausseerland

Es ist noch still, wenn sich der Grundlsee mit goldenem Glanz die Dunkelheit der Nacht aus den Augen reibt

Der Frühling hält Einzug. Auf der Blaa-Alm betritt die Narzisse, die Hauptdarstellerin des Ausseer Naturschauspiels, die Bühne

Im Bücken und Pflücken vereint: Wenn das Narzissenfest naht, ist jede Hilfe willkommen

Weiß-grün: Die Wiesen des Ausseerlandes erstrahlen in den steirischen Landesfarben. Auch für die Besucher ist das Pflücken einladend

Springginkerl. Ein kleines Mädchen veranstaltet seine eigene Art von Maitanz

Nach getaner Arbeit dem Tagwerk der Bienen lauschen …

An den Duft der Narzisse mag man sich schon früh gewöhnen

Lederhose und Narzisse sind Symbole des Ausseerlandes

Wahrlich ansteckend: Auch Gäste sind eingeladen, an den prachtvollen Narzissenfiguren mitzuwerkeln, die mit bis zu 300.000 Blüten geschmückt werden

Feiern ist ein Kinderspiel. Während des Narzissenfestes führen Kinder aus Aussee den Maitanz auf

Anfang und Ente: Früher, als durch Bad Aussee noch der Narzissenfest-Korso rollte, waren manchmal auch männliche PS notwendig

Von wegen kalte Füße: Die jungen Mädchen wollen den Bootskorso mittendrin, statt nur dabei, miterleben

Dirndln, Dirndl und See: das unvergleichliche Trio des Salzkammerguts

„Seenswert": Für den Bootskorso mit seinen kunstvollen Figuren lassen sich sogar Fische trockenlegen

Floral-royaler Staatsbesuch: Anlässlich des Narzissenfests werden eine Narzissenkönigin und zwei Prinzessinnen gewählt

Und auch James Bond zeigt sich weder „geschüttelt noch gerührt", führten ihn doch die Dreharbeiten zu „Spectre" schon in diese wunderschöne Ecke Österreichs

Auch der Film über Erzherzog Johann („Geliebter Johann, geliebte Anna") wurde im Ausseerland gedreht. Im Bild eine Szene mit Tobias Moretti, Max von Thun und Hubert von Goisern bei der Ankunft mit einer Plätte am Toplitzsee

Ein Eselsbacher Stachelschütze mit seiner Armbrust beim Zielen auf eine Schützenscheibe – eine Tradition, die seit 1782 ausgeübt wird

Zwei Beispiele von vielen kunstvoll bemalten Schützenscheiben: rechts im Bild eine aus dem Jahre 1872 von Herrn Graf Meran

Ein steirischer Gehrock „Erzherzog Johann" von der Schneiderei Haselnus und ein „Anna Plochl-Kleid" von der Schneiderei Trachten Rastl

Werktagsgwand: Im Ausseerland braucht man keine Ausrede und keine festlichen Anlässe, um Tracht zu tragen

Plättenfahrt am Altausseer See: Da möchte wohl jemand die ganze Welt umarmen

SOMMER
im Ausseerland

Tausend Farben Grün:
Sommerliches Farbenspiel
am Ufer der Seewiese am
Altausseer See

Verstecktes Idyll: Hinter dem Toplitzsee liegt der kleine romantische Kammersee, der nur per Boot zu erreichen ist

Völlig „Losergelöst": Rast am Augstsee nach einer Wanderung auf den Loser

Entenkreuzfahrt am Grundlsee: Wenn man die Gedanken auf Sommerfrische schickt

Blick von der neuen Tressensteinwarte (2013), einem 14 Meter hohen Aussichtsturm, auf die umliegende Landschaft

Bei diesem Anblick bekommt sogar das Wasser Gänsehaut. Der Altausseer See mit seinen Bootshäusern, in denen die Plätten – die Gondeln des Ausseerlandes – untergebracht sind

Was du heute kannst besorgen, verschiebe gern auf morgen. Bei der Aussicht am Grundlseer „Beach" bei Gössl gilt es, die Prioritäten richtig zu setzen

Der Loser, ein echter Dirigent im Orchester der Natur

Die Bootsrundfahrten auf den Ausseer Seen gehören zu den beliebtesten Attraktionen

Mit dem Elektro-Boot unterwegs Richtung Loserufer

Die Plätten sind – wie ihre Besitzer – aus ganz besonderem Holz geschnitzt und für Generationen gemacht

In der Spiegelung des Wassers wirken die Plätten wie verwunschene Drachen, die man ins Wasser zwang

Ein Gemälde von Caspar David Friedrich? Nein, die Natur! Landschaftsidylle am Toplitzsee

„Berge in Flammen" nennt sich das Fest im Sommer, in dessen Verlauf die Bergwände mit bengalischem Feuer beleuchtet werden

Der „Ledernen" verpflichtet: Früh übt sich, wer einmal ein guter Kletterer und Wandersmann werden will

Die „ Selfie-Generation" nach einer Wanderung beim Loser-Fenster

Sein Fachgebiet sind die „tapferen Feiglinge": der Ausseer Schriftsteller und Regisseur Alfred Komarek beim sommerlichen Spaziergang

Realität und Vorstellungskraft spazieren im Ausseerland Hand in Hand. Die berühmte Literatin Barbara Frischmuth im Literatur-Museum mit einer Puppe des Schauspielers Klaus Maria Brandauer

In die Ferne schweifen und sich dabei ganz nahe sein: der Altausseer See mit Blick auf den Dachstein-Gletscher

HERBST
im Ausseerland

Der Herbst ist da und tunkt die Landschaft um den Grundlsee in seine üppige Farbpalette

Genuss und Melancholie: Letzte Sonnenstrahlen am Grundlsee

Die geheimen Ecken des pechschwarzen Toplitzsees sind nur mit der Plätte zu erkunden

Verzaubernde Spiegelungen.
Verkehrte Welt

Licht und Schatten im herbstlichen Toplitzsee

Der Loser verleiht Flügel – vor allem den Drachenfliegern. Sie ziehen ihre Kreise vor der Dachstein-Gruppe

Der Altausseer „Kiritog" lässt nicht nur Lebkuchenherzen höher schlagen.

Kein Platz für herbstliche Melancholie: im Bierzelt beim Altausseer „Kiritog"

Der „Kiritog" steht für drei Tage Ausnahmezustand im Zeichen der Feierlaune

Ein- und Ausblicke

Alles lacht in Tracht

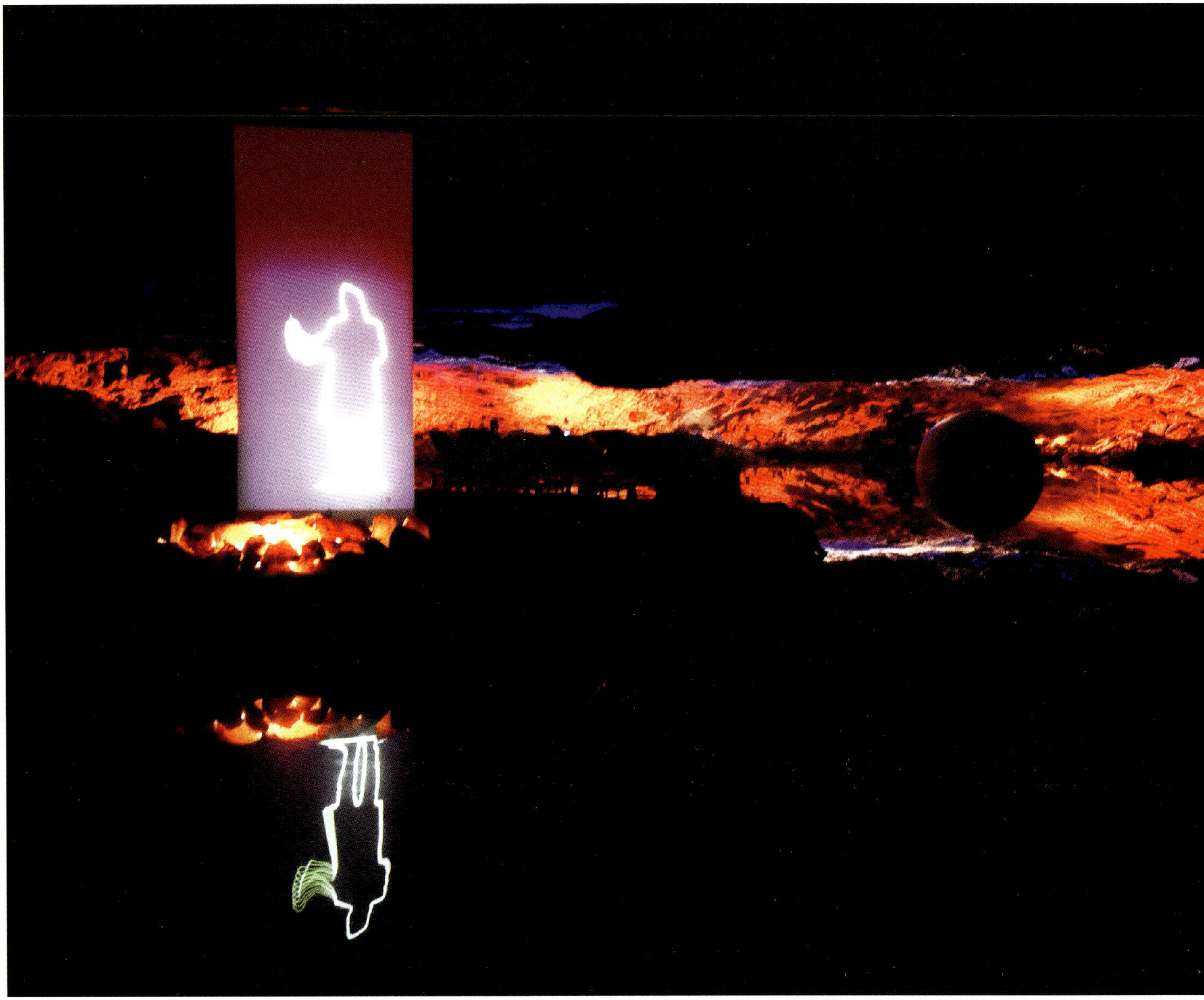

Höhepunkt beim Besuch der Salzwelten Altaussee ist der unterirdische Salzsee, der in seiner einzigartigen musikalischen und visuellen Inszenierung zum unvergesslichen Erlebnis für Groß und Klein wird

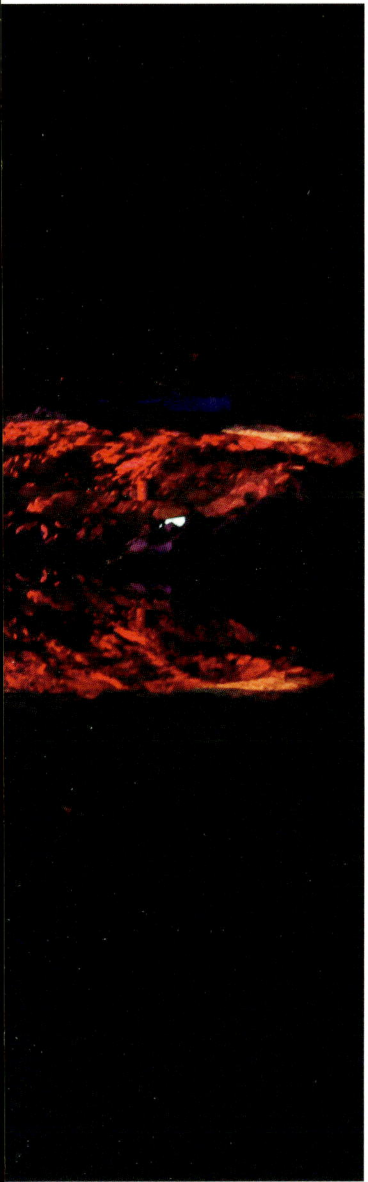

Es geht bergab, im positiven Sinn. Die Rutsche im Salzbergwerk lässt sich keiner der Besucher entgehen

Die Salzgrotte im Narzissenbad ist mit 4% Salzgehalt ein absolutes Highlight im Wellnessbereich. Das Narzissenbad wurde 2015 zur Therme des Jahres gewählt

Druckreif. Bei Seidenhanddruck Wach werden Stoffe noch mithilfe historischer Model bedruckt

*Mit Köpfchen:
Die Hutmacherei
Leithner in Bad Aussee
erzeugt die bekannten
Ausseer Hüte*

Handwerk mit goldenem Hosenboden: Lederhosen-Macher Christian Raich in der gnadenlosen „Ordnung" seiner Werkstätte

Der Saibling ist der „Nationalfisch" der Ausseer Seen. Einmal im Jahr gibt es ein Saiblingsfest, wo man die Fischspezialitäten verkosten kann

Kulinarischer Zungenbrecher: „Eschbonkoh" ist eine kulinarische Spezialität des Ausseerlandes, die kaum jemand kennt. Ein Erdäpfelkoch, in Schweineschmalz gebraten, mit saurer Suppe, das im Gasthof Veith in Gössl noch nach Originalrezept zubereitet wird

WINTER
im Ausseerland

Am Abend des 5. Jänners ziehen die „Berigl" von Haus zu Haus und bringen Glück für das neue Jahr. Durch das eingeschaltete Licht im Hof oder an der Haustür wissen sie, dass sie willkommen sind. Nach dem Einlass wird erst gründlich mit Besen und Fetzen geputzt. Die „Berigl" bleiben solange maskiert, bis der Hausherr errät, wer sie sind

Charakterdarsteller, Bond-Bösewicht, Weltstar – und daheim ganz gedankenverloren: Klaus Maria Brandauer auf winterlicher Ausfahrt am Altausseer See

Hier ist der Langlauf kurzweilig: die winterliche Blaa-Alm

Ganz in Weiß, mit einem Schneeblumenstrauß: winterliche Landschaft mit Neuschnee am Toplitzsee

Die Blaa-Alm zeigt sich im Winterkleid

Frau Holle und ihr Gespür für Schnee. Ihre Meisterprüfung legt sie jedes Jahr im Ausseerland ab

Wenn sich der Nebel lichtet und der Wintermorgen den Blick auf das bekannte Hotel „Die Wasnerin“ und das Dachsteinmassiv freigibt …

Seenswert. Der zugefrorene Altausseer See mit Blick auf die Trisselwand lässt keinen Betrachter kalt

Taubenschießen beim Schneiderwirt in Altaussee: Eine hölzerne Taube, deren Schnabel eine Eisenspitze bildet, hängt frei an einer langen Schnur. Der Spieler muss der Taube Schwung geben, sodass sie die gegenüberliegende Scheibe in der Mitte trifft

Das Taubenschießen wurde in das Unesco-Weltkulturerbe aufgenommen – es wird ausschließlich in den Wintermonaten durchgeführt

Winterliche Spiegelung im Altausseer See

*Die ersten Frühlings-
sonnenstrahlen lassen
die Eisdecke am
Altausseer See
schmelzen*

FASCHING
im Ausseerland

Die Flinserln mit ihren üppig bestickten Gewändern und gerüschten Krägen ziehen am Faschingsdienstag durch die Ausseer Straßen

Der Ausseer Fasching, dieserorts die fünfte Jahreszeit. Die Flinserln, die den Frühling symbolisieren, haben ihren Ursprung in Venedig und kamen mit dem Salzhandel ins Ausseerland. Auch der Ausseer Fasching wurde 2017 in die Liste des Unesco-Weltkulturerbes aufgenommen

„Nuss! Nuss! Nuss!" Die Flinserln tragen Säcke mit Süßigkeiten, Nüssen und Orangen mit sich, die sie an die singenden Kinder verteilen

Wahre Kunstwerke, die in allen Farben spielen. In einem Flinserl-Kostüm stecken hunderte Arbeitsstunden. Kein Wunder also, dass diese von Generation zu Generation weitergegeben werden

Kinderfasching in Aussee mit den Fetzenkostümen

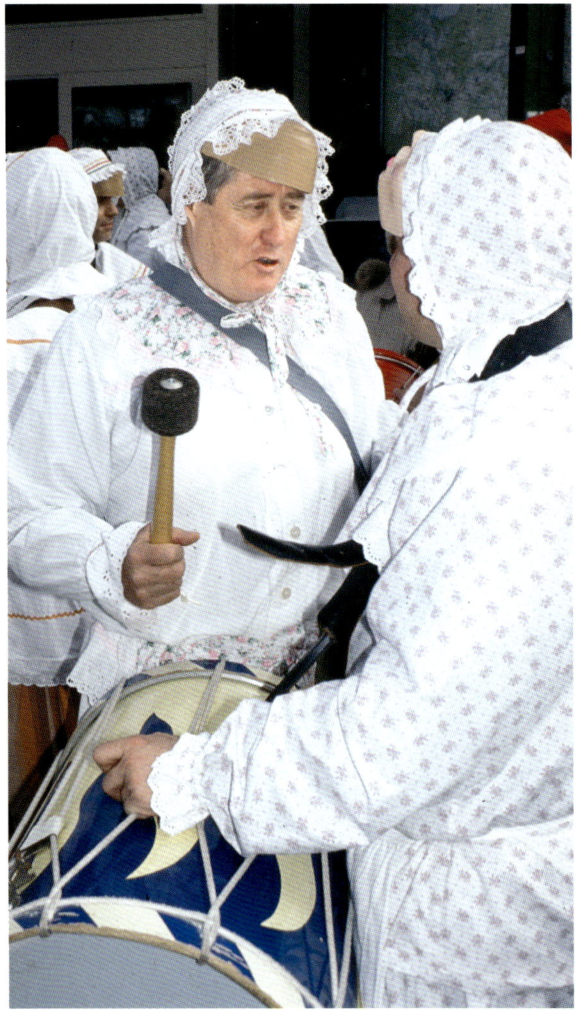

Das „Trommelweib" Salzbaron Hannes Androsch in voller Aktion

Die Ausseer haben den Sinn im Unsinn des Lebens erkannt. Am Faschingsmontag (Rosenmontag) ziehen die Trommelweiber – gestandene Mannsbilder in Frauengewändern – durch die Straßen

Diese maskuline Weiberrunde bläst dem Winter den Marsch. Mit Pauken und Trompeten soll die kalte Jahreszeit vertrieben werden, damit das Ausseerland wieder aufs Neue erblühen kann

Über die Autorin und den Fotografen:

Carmen Oster

Geboren 1982, aufgewachsen im obersteirischen Liezen; Matura in Stainach, Uni in Salzburg. Seit 2006 bei der Kleinen Zeitung, zunächst in der Regional- und Lokalredaktion und nunmehr in der Beilagenredaktion. Steirische Lokaljournalistin des Jahres 2008. Ist nicht nur nah am Wasser aufgewachsen, sondern in ihrer Freizeit auch dort zu finden.

Gery Wolf

Geboren 1949 in Graz. Mittelschule, Kunstausbildung: Dekorative Gestaltung bei Prof. Otto Brunner, Fotografen-Praktikum, Meisterprüfung. Zahlreiche Beteiligungen an nationalen und internationalen Ausstellungen.

Informationen:

Tourismusverband Ausseerland – Salzkammergut
Bahnhofstraße 132
8990 Bad Aussee
Tel. +43 3622 54040-0, Fax DW -7
info@ausseerland.at
www.ausseerland.at

Ein paar Tipps:

Narzissen Bad Aussee – Solebad & Vitalzentrum
Pötschenstraße 172
8990 Bad Aussee
Telefon: +43 3622 55300-100
Fax: +43 3622 55300-500
E-Mail: info@narzissenbadaussee.at
Web: www.narzissenbadaussee.at

GrimmingTherme
Neuhofen 183
8983 Bad Mitterndorf
Telefon: +43 3623 21010
Fax: +43 3623 21010-7001
E-Mail: info@grimming-therme.com
Web: www.grimming-therme.com
Web: www.aldiana-salzkammergut.at

Grundlsee Schifffahrt
Mosern 25
8993 Grundlsee
Telefon: +43 3622 86044333
E-Mail: seeyou@seehotelgrundlsee.at
Web: www.3-seen-tour.at

Altaussee Schifffahrt
Fischerndorf
8992 Altaussee
Telefon: +43 3622 20501
E-Mail: office@altausseeschifffahrt.at
Web: www.altausseeschifffahrt.at

Salzwelten Altaussee
Lichtersberg 25
8992 Altaussee
Telefon: +43 6132 200-2400
Fax: +43 6132 200-4400
E-Mail: info@salzwelten.at
Web: www.salzwelten.at/altaussee

Loser Panoramastraße Altaussee und Skigebiet Loser
Lichtersberg 84
8992 Altaussee
Telefon: +43 3622 71315
Fax: +43 3622 71315-501
E-Mail: info@loser.at
Web: www.loser.at

Tauplitzalm-Alpenstraße Bad Mitterndorf
Thörl 2
8983 Bad Mitterndorf
Telefon: +43 3623 2264
E-Mail: info@alpenstrasse.at
Web: www.alpenstrasse.at

Bergbahnen Tauplitz: 4er-Sesselbahn Tauplitz und Skigebiet Tauplitz
Tauplitz 71
8982 Tauplitz
Telefon: +43 3688 2252
Fax: +43 3688 2252-25
E-Mail: welcome@dietauplitz.com
Web: www.dietauplitz.com